AF312822

M. l'Abbé LEMAUR

CHANOINE HONORAIRE

CURÉ DE LA PAROISSE SAINT-ALPIN DE CHALONS

(1810-1888)

L²⁷n
38109

M. l'Abbé LEMAUR

CHANOINE HONORAIRE

CURÉ DE LA PAROISSE SAINT-ALPIN DE CHALONS

(1810-1888)

LETTRE

DE MGR L'ÉVÊQUE DE CHALONS

ARRIVÉE LE JOUR MÊME DES OBSÈQUES DE M. LE CURÉ.

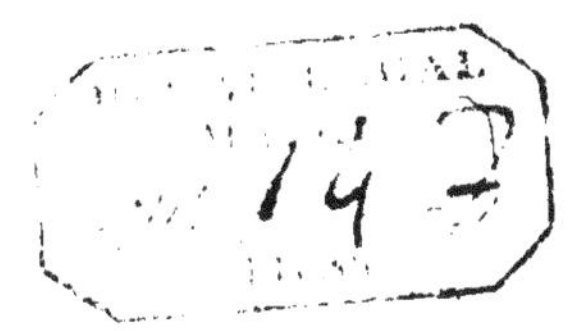

A M. l'abbé Appert, curé de Saint-Alpin.

Grand Séminaire de Versailles, le 21 août 1888.

Monsieur l'Abbé,

En m'appelant à Versailles pour une fonction du saint
ministère, la Providence m'a enlevé la consolation de
fermer les yeux à M. le Curé de Saint-Alpin, et celle de
présider ses funérailles. Je ressens péniblement cette double
privation. Mais celui qui élèvera la voix devant son cercueil
saura rendre avec émotion les sentiments universels qu'inspira
ce bon prêtre; sa charité, sa douceur, sa sérénité inaltérable,
sa prudence, son courage tranquille durant la longue et
terrible infirmité qui plongeait ses yeux dans la nuit. Dans
les nombreuses visites que je lui faisais, je le trouvai toujours
affectueusement résigné à la volonté de Dieu. Il est passé
par le creuset de l'épreuve. Je me plais à croire que son
âme en est sortie comme l'on sort du feu, très purifiée.

Je ne puis oublier la reconnaissance qu'il avait pour vos soins délicats, assidus. Vous lui avez ménagé la plus parfaite consolation, en remplissant envers lui tous les devoirs d'un fils. Vous en avez eu les empressements, la discrétion, les égards, la constance. Il bénira du haut du ciel le ministère pastoral qu'il vous laisse en mourant.

Les paroissiens de Saint-Alpin seront heureux d'apprendre, dans la cérémonie même des funérailles, que je vous nomme leur curé. Il leur semblera que cette nomination sort du cercueil de leur vieux pasteur décédé, comme s'il reprenait la parole pour me la demander, et donner à son disciple ce dernier témoignage d'affection.

Veuillez lire cette lettre devant l'assemblée du peuple. Et, si elle arrive trop tard, lisez-la au prône dimanche prochain.

Votre tout dévoué en Notre Seigneur.

† G.-MARIE, Ev. de Châlons.

M. L'Abbé LEMAUR

CHANOINE HONORAIRE

CURÉ DE LA PAROISSE SAINT-ALPIN DE CHALONS

(1810-1888)

· Mercredi 22 Août 1888 ont eu lieu, dans l'église Saint-Alpin, les obsèques de M. l'abbé LEMAUR, curé de cette paroisse, décédé le 19 août, dans sa soixante-dix-huitième année.

M. Lemaur (Louis-Amédée-Victor), est né à Montmirail le 1er octobre 1810 [1]. Ses heureuses dispositions appelèrent de bonne heure sur lui l'attention de Mme la duchesse de la Rochefoucauld-Doudeauville qui le fit entrer au Petit-Séminaire de Châlons.

[1] M. l'abbé Louis-Victorieux-Amédée Lemaur est né à Montmirail le 1er octobre 1810. Son père, Louis-Charles Lemaur, était fils d'un ancien garde des bois et chasses.

Un acte sur parchemin de 1723 est ainsi conçu :

« A tous ceux qui ces présentes lettres verront, Michel Vélut de la Cronière, écuyer seigneur de Pommesson, de la Celle et autres lieux, conseiller du Roi, secrétaire général de la compagnie des Cent-Suisses de la garde ordinaire du corps de Sa Majesté et contrôleur ordinaire des guerres au nom et comme *tuteur* de haut et puissant

Le jeune séminariste se distingua par sa piété et son intelligence pendant tout le cours de ses études au Petit et au Grand-Séminaire. Il fut ordonné prêtre le 12 octobre 1834, et, trois jours après, il était nommé vicaire de Vitry-le-François et aumônier du collège de cette ville.

En 1836, il quitta les fonctions d'aumônier du collège et fut chargé de desservir la paroisse de Soulanges. Malgré la faiblesse de sa santé, il unit pendant huit ans le service de cette paroisse aux occupations multipliées du vicariat. Son aménité et sa fidélité aux devoirs de son ministère lui eurent bientôt conquis l'estime et l'affection de la population de Vitry. Aussi son vicariat dépassa de beaucoup la durée ordinaire de ces fonctions. Il se prolongea pendant vingt-trois ans. C'est que, dans les derniers temps, M. l'abbé Lemaur suppléait M. Garnier, curé-archiprêtre de la paroisse, non seulement dans

seigneur messire François-César Le Tellier de Louvois, chevalier marquis de Montmirail, de Villequiers et de Crusy, comte de Tonnerre, baron d'Ancy-le-Franc et de la Chenuère, conseiller du Roi en ses conseils, capitaine-colonel de la dite compagnie des Cent-Suisses, salut ;

« Sçavoir faisons que pour les bonnes qualités qui sont en la personne de Charles Maur, dit la Brie, faisant profession de religion catholique, apostolique et romaine, et sur le louable rapport qui nous a été fait de ses sens, suffisance, loyauté et prud'hommie ; à ces causes et autres considérations, Nous, audit nom, avons nommé et par ces présentes nommons le dit Maur pour l'un des gardes des bois et chasses de la terre dudit Montmirail et dépendances.

« Donné à Paris, le 1er jour de mars mil sept cent vingt-trois. »

Par un autre acte du 16 juillet 1767, « le très-haut et très-puissant seigneur Monseigneur Louis-César, duc Destrées, maréchal de France, chevalier des ordres du Roi, ministre d'Etat, gouverneur général de Metz, pays Messin et Verdunois, seigneur baron de Montmirail et autres lieux, fait donation à Charles Lemaur, l'un de ses gardes-chasses, eaux et forêts en sa baronnie, d'une pièce de terre pour en jouir pleinement, lui et ses hoirs. »

l'exercice du ministère pastoral, mais encore dans l'accomplissement de la délicate mission de curé-archiprêtre. Ce ne fut qu'à la mort du vénérable nonagénaire, en 1857, que l'on pensa à récompenser les longs services qu'il avait rendus dans une position modeste en elle-même, mais qu'il avait su rehausser par les qualités dont il avait fait preuve.

Déjà Mgr de Prilly l'avait nommé chanoine honoraire le 16 avril 1856. Il le nomma curé de Saint-Alpin le 7 décembre 1857, en remplacement du regretté M. l'abbé Hurault, appelé à remplacer M. Garnier à la cure de Vitry.

Le concours de ses paroissiens à la cérémonie de ses funérailles témoigne de l'affection et de la vénération qu'il avait su inspirer à tous. Il aimait ses brebis comme le bon pasteur, et il en était aimé. Aussi, lorsqu'en 1883 il fut dans l'impossibilité de remplir toutes ses fonctions, par suite de la perte de la vue, les habitants de Saint-Alpin voulurent le conserver au milieu d'eux et l'entourèrent, jusqu'à la fin, de soins dévoués et de consolations filiales.

L'administrateur qui fut placé près de lui sut, de son côté, adoucir par ses attentions délicates les amertumes de l'inaction forcée à laquelle il était réduit ; et c'est dans le calme, la patience et la résignation qui ont caractérisé ses dernières années, qu'il a rendu son âme à Dieu dans la nuit du 19 au 20 août, après avoir reçu les sacrements de l'Église.

Ses obsèques furent présidées par M. l'abbé Lacot, curé-archiprêtre de la cathédrale. Le Chapitre y assistait en corps, entouré du clergé de la ville, de plusieurs des

anciens vicaires et d'un certain nombre d'ecclésiastiques.
M. l'abbé Musart, vicaire général, y représentait Monseigneur l'Evêque, retenu à Versailles par les prédications
de la Retraite pastorale.

Les cordons du poële étaient tenus par MM. les abbés
Leroux, Chapiteau, Lambert, curés de Notre-Dame, de
Saint-Loup et de Saint-Jean; M. l'abbé Harrer, secrétaire-général de l'évêché; MM. Fréminet et Dortu, membres
du conseil de fabrique.

Le deuil était conduit par M. l'abbé Appert, administrateur de la paroisse, entouré des fabriciens de l'église.

La messe a été dite par M. le chanoine Lucot, assisté de
MM. Leloup et Bour, anciens vicaires de Saint-Alpin.

La nombreuse assistance au milieu de laquelle nous
avons remarqué, entre autres notabilités, M. Faure, député, et MM. Garet et Thierry, adjoints, accompagna la
dépouille mortelle du vénéré défunt, à travers la place
de la République, la rue d'Orfeuil et la place de l'Hôtel-de-Ville, avant son entrée dans l'église. Le cortège était
précédé des jeunes filles de la paroisse en vêtements
blancs. La messe fut chantée par un chœur d'habiles
exécutants, dirigés par M. Toupry, organiste de Saint-Alpin, qui avait confié, pour la circonstance, le grand
orgue à M. Jecker et le petit orgue à M. Compagnon.

Après la messe, M. l'abbé Lucot monta en chaire et
prononça, comme il suit, l'éloge funèbre de M. l'abbé
Lemaur :

MES FRÈRES,

Parmi les tristesses qui se partagent notre courte existence, il
en est une qui domine toutes les autres : elle est le couronnement
et le dernier terme de toutes nos douleurs.

Être privé pour toujours sur la terre d'un ami, d'un bien-faiteur, d'un père; perdre, avec cet être vénéré et aimé, tant d'exemples qui nous soutenaient, tant de conseils qui nous dirigeaient, tant de consolations dont notre âme avait si besoin, quel plus grand sujet de tristesse! Et c'est précisément le sujet de votre tristesse, mes Frères, à vous qui saviez apprécier le pasteur que Dieu vous avait donné: c'est le motif de votre dou-leur, à cette heure où nous sommes, devant la dépouille de ce prêtre vénéré.

Depuis plus de trente ans qu'il était au milieu de vous, il vous avait habitués à trouver en lui l'ami de toutes les heures, le bien-faiteur toujours prêt à vous soulager, le père tendrement dévoué : aussi ne vous semble-t-il pas qu'en le voyant disparaître, vos cœurs sont comme amoindris, et qu'avec lui vous avez perdu une portion de vous-mêmes?

Cette tristesse, je la comprends : cette perte, je la partage. Votre deuil est le nôtre : c'est un des anciens de la tribu sainte, c'est un vieil ami, un excellent confrère que nous perdons. Mais non, mes Frères, il n'est perdu pour aucun de nous. Un jour, nous le reverrons : et, en attendant ce jour du grand rendez-vous des âmes dans le sein de Dieu, il vous appartient de faire revivre ce bon pasteur dans votre pensée, par le souvenir de ce qu'il fut au milieu de vous, de ce qu'il fit pour vous. Pour vous y aider, je voudrais en ce moment esquisser son portrait, vous l'offrir, mes Frères, le graver dans vos âmes, en célébrant devant cette pieuse assemblée la mémoire de M. Louis-Amédée-Victor LEMAUR, chanoine honoraire et curé de Saint-Alpin de Châlons.

La ville de Montmirail fut le berceau de votre vénéré pasteur, berceau célèbre à plus d'un titre : aucun genre de gloire ne lui a manqué.

Là vivait au douzième siècle un vaillant chevalier, Jean de Montmirail, qui, après maints combats glorieux, dit un jour adieu au monde pour aller loin de son château, sous l'habit cistercien, pratiquer les plus austères vertus, et mourir avec l'auréole de la sainteté. Là le grand saint des temps modernes, aumônier et précepteur dans la famille de Gondy, Vincent de Paul, essaya les œuvres de son zèle et laissa de sa charité des exemples qui sont toujours vivants. Voilà pour les gloires du ciel. Et s'il ne faut pas omettre celles de la terre, là, dirai-je, là, à Montmirail et aux environs, le grand Napoléon gagna ces batailles fameuses de la fameuse Campagne de France, tant prisée des hommes de guerre et qui eût à jamais consolidé son trône, si Dieu n'avait marqué un terme aux ambitions démesurées de cet homme, si surtout il n'avait voulu venger les odieuses persécutions dont il s'était rendu coupable contre l'Eglise et son chef vénéré.

Ce fut le 1ᵉʳ octobre 1810, peu d'années avant ces combats de géants, que naquit M. l'abbé Lemaur. Si son caractère n'emprunta rien, comme vous le savez, au fracas des glorieuses batailles dont fut témoin son enfance, la grâce divine lui donna plus d'un trait de ressemblance avec l'humble moine de Longpont et avec l'aimable apôtre de la charité.

Distingué pour son intelligence précoce et sa douce piété par l'œil attentif d'un vénérable curé, M. Gantellet, mort au milieu de nous chanoine titulaire de la cathédrale, le jeune Lemaur reçut de lui les premières leçons. Par les soins du pieux curé, il entra au séminaire de Châlons en octobre 1824; il y fit de bonnes études, aidées et encouragées par l'illustre famille qui habitait le domaine de Montmirail, M. le duc de la Rochefoucauld-Doudeauville, ministre de la maison du roi, et sa sainte compagne, la duchesse de la Rochefoucauld, modèle de toutes les vertus : leur souvenir est resté gravé dans le cœur de M. l'abbé Lemaur, leur éloge revenait souvent sur ses lèvres reconnaissantes.

Aimé de ses condisciples pour son enjouement, estimé de ses maîtres pour son application, il se préparait par une discipline exacte aux fonctions du sacerdoce pour lesquelles Dieu l'avait marqué : et la fidélité aux petits devoirs de chaque jour le formait aux plus grands qui bientôt devaient lui être imposés. Avec l'âge, ses qualités naturelles ne firent que se développer, sous l'influence de la grâce divine, et avec le concours de maîtres éprouvés. Le respect avec lequel nous l'avons souvent entendu parler de ses maîtres, nous dit assez en quelle estime il les tenait, quel profit il sut retirer de leur conduite.

Le temps de la formation ecclésiastique était terminé pour lui. Ce fut le 12 octobre 1834, que le vénérable Mˢʳ de Prilly conféra à M. Lemaur le saint ordre de la prêtrise. Trois jours après, le jeune prêtre était envoyé à Vitry-le-François, pour y remplir les fonctions de vicaire : en même temps, il devait être aumônier du collège de la ville. Deux ans plus tard, en 1836, cette seconde charge s'échangeait pour lui contre la desserte d'une petite paroisse rurale, assez éloignée de la ville, Soulanges, dont il resta pendant huit ans le curé bien aimé. On était, ne l'oubliez point, à quelques années de la révolution de 1830 : la disette des prêtres n'était pas moins grande alors qu'elle n'est aujourd'hui.

M. Lemaur trouvait à Vitry à la tête de la paroisse un prêtre des plus respectables : c'était M. l'abbé Garnier. Sa foi n'avait point fléchi aux mauvais jours de la grande Révolution ; pour demeurer fidèle à ses serments, il avait émigré alors en Russie, où il avait fait une éducation dans une famille princière ; il nous était revenu de la paroisse Saint-Thomas d'Aquin, de Paris, dont il avait été vicaire après la tourmente révolutionnaire. Au contact de cet homme d'expérience, dans le commerce journalier avec ce prêtre à la foi vive, aux doctrines sûres, aux manières polies, à la parole spirituelle, le jeune abbé ne pouvait que gagner : il devint bientôt un excellent prêtre et un prêtre distingué.

Les qualités qui vous l'ont recommandé, mes Frères, quand il vint au milieu de vous, lui assuraient déjà à Vitry, dans tous les rangs de la société, je ne dirai pas les sympathies des fidèles, ce serait trop peu dire, mais leur confiance et leur estime. L'une et l'autre prenaient leur source, chez lui, dans une piété affectueuse, dans une bonté extrême, dans une obligeance qu'aucune préoccupation de popularité n'inspirait, dans une douceur qui n'excluait pas pourtant une aimable vivacité d'allures. C'était par ces charmes qu'il triomphait, qu'il avait accès dans les âmes pour les donner à Dieu. Et n'est-ce pas là aussi le secret des triomphes de Dieu même ? N'est-ce pas dans les liens de la charité, par ces ineffables condescendances qu'il a pour nous, que Dieu se plaît à nous attacher à lui : *In funiculis Adam traham eos, in vinculis charitatis* (1) ? Et vous, paroissiens de Saint-Alpin, vous avez connu, vous avez subi à votre tour ces victorieuses influences de la bonté, dans votre cher et regretté pasteur.

Aucun confessionnal n'était plus entouré que le sien. « Il savait si bien consoler, me disait encore dernièrement un de ses pénitents ; il encourageait si efficacement ! »

Aucun devoir, si austère qu'il fût, ne le rebutait. On l'a vu dans les épidémies cholériques de 1849 et de 1854, à la dernière surtout qui fut si meurtrière à Vitry, se multiplier auprès des malades et prodiguer les secours religieux aux paroissiens que la contagion avait atteints.

Une contagion d'un autre genre avait envahi depuis longtemps Vitry : — non pas que Châlons en fût exempt : mais Vitry passait pour en être le foyer. Quand M. Lemaur y arriva, en 1834, le jansénisme comptait encore plus d'un adhérent dans la cité. Au nom de Mgr de Prilly, le docte M. Garnier le pourchassait avec toute la vivacité de son caractère, obligeant les derniers tenants du jansénisme à se soumettre aux constitutions de l'Eglise sur les matières de la grâce, et à livrer les écrits infectés de cette erreur, desséchante pour le cœur et outrageuse à la divine bonté. Dirigé par sa foi, aidé par sa mansuétude, M. Lemaur ne fut pas l'auxiliaire le moins utile de son évêque et de son curé, dans cette sorte de croisade : et si le nom de janséniste est à peine connu aujourd'hui à Vitry, si l'esprit de la secte en a disparu, votre pasteur, mes Frères, eut sa grande part dans cet heureux résultat.

D'autres que M. Lemaur travaillaient à Vitry, avec lui et avec non moins de succès que lui, dans la vigne du père de famille, chacun à son rang et selon son don : *Habentes donationes, secundum gratiam quæ data est nobis, differentes* (2).

1 Osée. XI. 4.
2 S. Paul. *Epître aux Romains*. XII. 6.

Aussi, quand le chef du diocèse les a successivement appelés à
des positions plus élevées, en leur disant comme à votre pasteur :
Ascende superius; quand il a voulu faire jouir un plus grand
nombre d'âmes des dons que la Providence leur avait départis,
leurs noms ne sont point tombés en oubli dans le champ qu'ensemble, mes Frères, ils avaient vaillamment cultivé : Vitry a
retenu ces noms, Vitry leur est demeuré reconnaissant.

Cependant M. Garnier vieillissait, de plus en plus courbé
sous le poids des infirmités : il touchait à sa quatre-vingt-
dixième année. Mgr de Prilly sentait depuis longtemps le besoin
de confier à un de ses vicaires une partie des fonctions de ce
bon doyen accablé de vieillesse, mais à l'intelligence toujours
vive. M. Lemaur était l'aîné : il fut donc chargé d'administrer la
paroisse de Vitry. Le pieux prélat lui donna encore les missions
confidentielles que M. Garnier ne pouvait plus remplir : ai-je
besoin de dire avec quelle discrétion M. Lemaur s'en acquitta?
Et pour le mieux signaler à la confiance de tous, Mgr de Prilly
lui envoya le 16 avril 1856 les lettres de chanoine honoraire de
la cathédrale.

Ainsi honoré publiquement de l'estime de son évêque, entouré
de la confiance des fidèles, ne soyez pas étonné, mes Frères, de
la démarche que firent en faveur de M. Lemaur les paroissiens
de Vitry, à la mort du respectable doyen. M. Garnier venait de
quitter ce monde, plein de jours. C'était le 19 octobre 1857. Encore quelques semaines, et ses 92 ans eussent été révolus.
M. Lemaur venait d'entrer dans la vingt-quatrième année de son
vicariat à Vitry.

Une députation des principaux habitants de cette ville vint à
l'évêché solliciter pour M. Lemaur la succession de M. Garnier.
Mgr de Prilly ne pouvait que faire bon accueil à ces fidèles
reconnaissants : l'éloge qui était sur leurs lèvres, allait à son
cœur. Mais le choix du prélat était arrêté. Votre respectable
curé, M. l'abbé Hurault était déjà désigné comme doyen et
archiprêtre de Vitry ; et notre cher défunt devait occuper sa
place : il était nommé à Saint-Alpin, le 7 décembre 1857.

Je n'ai pas à faire ici l'éloge de son prédécesseur. Non pas que la matière fasse défaut, mais la place n'y serait point. Qu'il me suffise de dire que les mérites des deux pasteurs, pour être différents, n'étaient pas moins incontestables : *Habentes donationes differentes*; et que M. Lemaur n'a eu qu'à marcher dans la voie de son prédécesseur, cette voie du devoir qu'il avait lui-même constamment suivie. Il l'a fait avec la grâce que Dieu lui a départie; il l'a fait avec sa manière persuasive : et jusqu'à la fin, par les exemples de sa piété, par ses prières incessantes, par ses exhortations, il a mené à Dieu tous ceux qui ont voulu le suivre, les grands et les petits, les riches et les pauvres : il s'est dépensé pour tous dans les œuvres de la charité et du zèle ; et sous sa houlette, nul ne s'est égaré que celui qui a voulu périr.

Ce qu'il avait été aux premiers jours de son ministère, il l'a été aux derniers : sa piété envers Dieu, son amour des âmes ne se sont jamais ralentis ; bien plutôt, ses vertus se sont accrues des épreuves qu'il a courageusement supportées. Comme les vents en soufflant dans les voiles du navire le poussent rapidement au port, comme la tempête attise l'incendie et en fait monter la flamme jusqu'au ciel, ainsi les épreuves, en s'accumulant sur le juste, ne font que le grandir et le fortifier. C'est bien ce qui arriva pour ce cher défunt.

En 1882, une cruelle épreuve s'abattit sur lui. En est-il de plus cruelle que la cécité? Ne plus voir la lumière du jour, cette lumière qui laisse libre carrière à notre activité; avoir son commerce avec les hommes tellement réduit qu'on le croirait presque terminé : plus de lectures, plus de correspondance, plus d'études ! L'isolement précurseur du tombeau, la mort déjà commencée ! Encore une fois, quelle cruelle épreuve ! On invoqua la science en faveur du cher malade, et la science ne sut rien répondre. On fit appel au Ciel, et le Ciel resta sourd à nos prières. Dieu voulait donner au vénéré malade l'occasion de s'enrichir de mérites pour l'éternité par cette longue épreuve saintement supportée ; et à nous, mes Frères, il voulait laisser le fortifiant spectacle d'une patience jamais démentie. La vie de votre pasteur sera désormais la réalisation de la parole de nos saints livres : « *Sustine sustentationes Dei; conjungere Deo, et*

sustine, ut crescat in novissimo vita tua (1), « Supportez les
« épreuves de Dieu, ces longs retardements auxquels il vous
« soumet ; attachez-vous plus étroitement à lui, et attendez en-
« core, pour qu'à la fin votre vie surabonde de mérites » :
pareille à un vase rempli de parfums précieux, si comble qu'il
déborde et qu'on ne saurait y rien ajouter.

Quand il fut bien constaté que le mal était sans remède et que
Dieu n'y voulait pas mettre fin, Mgr Sourrieu, récemment arrivé
au milieu de nous, songea à pourvoir à l'administration de la
paroisse ; mais ce ne devait être qu'en vous conservant ce cher
curé, dont vous teniez justement à n'être pas séparés.

Dans sa sollicitude pour vous, il jeta les yeux sur un prêtre
jeune encore et plein de vigueur, qui fût un vaillant auxiliaire
pour le saint vieillard, impuissant désormais à remplir sa tâche.
Ce qu'a fait M. Appert pour seconder votre vénéré pasteur, pour
le suppléer dans cette église et dans la paroisse, les soins dont il
a entouré M. Lemaur, l'ont rendu cher à vos âmes.

Pendant plusieurs années jusqu'au printemps de l'année
dernière, M. Lemaur, malgré sa cécité, eut la consolation,
grâce à un indult du Souverain-Pontife, de célébrer la sainte
messe ; il se rendait utile encore en entendant les confessions
des personnes qui recouraient à lui. Mais depuis près de quinze
mois la célébration du Saint-Sacrifice lui était devenue impos-
sible : le mal s'aggravait, à la cécité s'étaient jointes d'autres
infirmités. L'audition des confessions se fit plus rare, puis il y
dut renoncer. Il s'éteignait, mais avec les sentiments d'une foi
toujours jeune, avec une patience inébranlable. C'était Job aux
prises avec toutes les infirmités : plus de sommeil, plus d'appétit,
le manger était pour lui un tourment. C'était Job aussi avec sa
vertu : « Que la volonté de Dieu soit faite en tout », disait le
pieux malade.

Enfin, il y a une dizaine de jours, on crut que son heure
dernière était arrivée. Peu de temps auparavant, Notre-Seigneur
était venu le visiter sur sa couche de douleur ; le saint Viatique

(1) *Ecclesiastique*, ch. II.

lui avait été administré. Il restait au malade à recevoir les onctions saintes des mourants pour les derniers combats.

Avec quelle piété il les reçut, vous en fûtes témoins, vous, mes Frères, qui eûtes le bonheur d'assister à cette scène touchante. Avec quelle consolation il nous entendait nommer, l'un après l'autre, ces bons paroissiens qui l'entouraient à cette heure suprême ! Non, nous ne l'oublierons jamais. Avec nous, vous vous rappellerez les paroles de ce bon pasteur, quand, avant de lever les mains pour vous bénir, il demandait à Dieu pardon « des négligences qu'il avait pu commettre dans sa « charge pastorale, des vivacités, des préventions qu'il aurait « eues contre certaines personnes ». Ce même pardon, il vous le demandait aussi, mes Frères ; et encore il suppliait Dieu « de « vous réunir tous ici-bas dans les liens de la sainte charité, et « de vous réunir avec lui dans la gloire du saint paradis. »

Cette gloire, s'il ne la possède déjà, bientôt elle lui sera donnée. Ses yeux de chair resteront fermés sans doute au spectacle des choses caduques et terrestres de ce monde ; mais il voit Dieu, ou il ne tardera pas à le voir, et toutes choses, il les verra dans cette éternelle clarté de Dieu : *In lumine tuo videbimus lumen* (1).

Si ses longues privations, si ses souffrances héroïquement endurées n'ont pas encore achevé de le purifier des fautes inévitables à la fragilité humaine, suppliez la bonté divine de les lui pardonner : au Saint-Sacrifice que nous venons d'offrir pour lui, ajoutez, mes Frères, vos pieux suffrages ; et, en même temps que vous demanderez pour ce vénéré pasteur le séjour de la divine lumière, demandez pour celui qui est appelé à recueillir l'héritage de sa charge pastorale l'héritage de ses vertus : demandez-le pour moi ; demandez-le pour vous, afin que, selon le vœu de votre vénéré pasteur, nous puissions ensemble lui être réunis dans le séjour de l'éternel bonheur.

Ensuite eut lieu l'absoute, puis le cortège se reforma pour conduire le défunt à sa dernière demeure.

(1) Psaume 35.

Sur la tombe, M. Fréminet-Debar, président du conseil de fabrique, se fit l'interprète des regrets de la paroisse en termes émus. On sentait qu'il pleurait en même temps le pasteur et l'ami auquel il avait prodigué pendant plus de trente ans les témoignages de l'affection la plus sincère et la plus dévouée.

Voici le discours de M. Fréminet :

MESSIEURS,

Les quelques paroles que je veux vous adresser ne seront certainement que l'écho bien affaibli du magnifique panégyrique que M. l'abbé Lucot vient de prononcer en l'église Saint-Alpin. Mais cependant, en présence de cette fosse ouverte, je ne puis garder le silence, et, avant que la terre ne vienne pour toujours recouvrir la dépouille mortelle du vénérable curé de Saint-Alpin, qu'il me soit permis, en ma qualité de membre du conseil de fabrique, de venir au nom de tous les paroissiens dire à celui qui n'est plus un dernier et suprême adieu.

M. l'abbé Lemaur, quoique né à Montmirail (Marne), peut être, à juste titre, considéré comme un enfant de Châlons.

Car c'est à Châlons qu'il a passé la plus grande partie de sa jeunesse et de son adolescence. C'est au Petit Séminaire de cette ville qu'il a fait ses premières classes. C'est au Grand Séminaire, qu'entraîné par une irrésistible vocation, il s'est préparé, par des études fortes et sérieuses, à la noble carrière du sacerdoce qu'il avait embrassée.

Cette carrière, il a su l'honorer par une vie intègre, par un attachement sans borne aux devoirs que comportait l'exercice de son saint ministère.

Après son ordination, Mgr de Prilly eut à lui assigner une place dans son diocèse.

D'excellentes notes parlaient en faveur de son jeune lévite, mais il reconnut bien vite par lui-même que, sous une apparence des plus modestes, se cachait un cœur viril, une âme d'élite, qu'il ne fallait pas laisser dans l'obscurité.

A partir de ce moment, sa place était marquée dans un grand centre pour qu'il pût y développer librement son action bienfaisante, et c'est alors qu'au 15 octobre 1834, Monseigneur l'appelait à Vitry-le-François comme vicaire et auxiliaire de M. l'abbé Garnier.

Aussitôt son arrivée à Vitry, il fut aussi nommé aumônier du collège, fonctions qu'il ne quitta au 1er octobre 1836 que pour prendre une charge pénible par les déplacements qu'elle lui occasionnait ; car il s'engageait à desservir une petite commune à l'écart de Vitry, Soulanges, dont il fut le vénéré pasteur pendant huit années consécutives.

Il n'en conservait pas moins son vicariat, son ardeur suffisait à tout et triomphait de toutes les difficultés.

Bientôt M. Garnier fut assailli par la maladie et les infirmités de la vieillesse, et il laissa à M. l'abbé Lemaur, pendant bien longtemps, le fardeau de l'administration pastorale.

On peut dire que M. Lemaur s'est montré à la hauteur de la difficile mission qu'il avait acceptée et qu'il a été, pendant vingt-trois ans, le meilleur et le plus zélé des collaborateurs de ce digne prêtre qu'il tenait en très haute estime, et dont il vantait si souvent le mérite et la grande intelligence.

Comme M. l'abbé Lucot, je suis persuadé que c'est à l'école de cet homme vénérable que notre bien regretté curé a dû d'acquérir cette grandeur d'âme, cette bonté naturelle, cet esprit de sagesse et de modération qui le caractérisaient particulièrement.

A la mort de M. Garnier, M. l'abbé Hurault fut appelé à la cure de Vitry-le-François, et M. l'abbé Lemaur à celle de Saint-Alpin.

Il s'agissait donc de quitter une ville où notre digne curé avait obtenu la confiance de toutes les familles et l'estime de ses concitoyens : c'était là, sans contredit, une séparation bien dure, bien pénible.

Or, quel est celui d'entre nous qui lui ait entendu articuler la moindre plainte contre la rigueur de cette décision épiscopale?

Chrétien résigné et respectueux des ordres qui lui étaient

transmis, il vint, avec la plus grande sérénité d'âme prendre possession de son nouveau presbytère et bien résolu, sans oublier ses anciennes ouailles, à se créer parmi nous une nouvelle famille.

Ses efforts n'ont pas été superflus ; en peu de temps son affabilité naturelle avait conquis tous les cœurs, et c'est ainsi que, pendant les trente ans de son ministère, portant dans toutes les maisons des paroles de paix et de consolation, il a su faire de tous ses paroissiens ses amis intimes.

Les premières années de son installation au presbytère ont été relativement heureuses.

A cette époque, il vivait en compagnie de sa mère et de sa sœur qui veillaient sur sa santé et lui prodiguaient les soins les plus assidus.

Mais la mort a successivement moissonné celles qui lui étaient chères ; au moment où on s'y attendait le moins et sans cause connue, le voilà frappé de cécité et atteint de cette terrible maladie du larynx qui l'épuise et le conduit au tombeau.

Vous savez tous, Messieurs, avec quelle énergie, avec quelle force de caractère, avec quelle résignation chrétienne, il a supporté les dernières épreuves qui lui étaient réservées.

Il y a peu de temps encore, esclave de son devoir, il voulait, contre la volonté de son digne coadjuteur, assister à l'office divin, et, s'avançant d'un pas chancelant vers l'autel, il disait : vaincre ou mourir !

Mais alors ses forces trahissaient son courage, et il rentrait péniblement au presbytère épuisé par un pareil effort.

Pourquoi donc cet honnête prêtre, si digne, si respectable, a-t-il été, en perdant la vue, frappé par le plus grand malheur qui puisse affliger l'humanité ?

Pourquoi cette longue et douloureuse maladie, alors qu'une mort douce et tranquille semblait devoir lui être réservée comme couronnement d'une vie si méritoire et si bien remplie ?

Oui, il faut espérer que cette grande douleur lui a été infligée pour l'expiation des fautes légères dont ne peut s'affranchir l'homme le plus juste, le plus vertueux ; expiation anticipée qui lui permettra d'entrer de suite dans sa bienheureuse éternité.

Mais il y a là un très grand mystère que je ne me permettrai pas d'approfondir, et, pour terminer, je me bornerai à faire un dernier appel à tous ceux qui m'entourent et je leur dirai :

Puisque M. l'abbé Lemaur, pendant son long sacerdoce, a fait le bien en passant sur cette terre, qu'il nous a donné le bon exemple, qu'il a été le modèle de toutes les vertus, bénissons sa mémoire, entourons sa tombe de tout notre respect, et demandons à Dieu pour lui la récompense éternelle à laquelle lui donne droit son long et pénible martyre.

Pour la dernière fois, cher monsieur Lemaur, adieu au nom de tous vos fidèles paroissiens ; votre nom restera longtemps gravé dans leur mémoire, en attendant qu'il soit inscrit en lettres d'or sur le tableau nécrologique de la paroisse, où il figurera avec honneur, rappelant aux générations futures votre dévouement et vos longs services.

Et maintenant que de nombreuses prières ont accompagné devant le trône de Dieu l'âme de ce bon curé purifiée par de longues années de souffrances et d'infirmités, qu'il nous soit permis d'exprimer, en finissant, le consolant espoir que le divin juge lui a fait entendre ces paroles qu'on peut lui appliquer si justement : *Beati pacifici, quoniam filii Dei vocabuntur.* (Matth., v. 9.) *Bienheureux les pacifiques, parce qu'ils seront appelés les enfants de Dieu.*

A LA MÉMOIRE DE M. L'ABBÉ LEMAUR

A LA MÉMOIRE

DE M. L'ABBÉ LEMAUR

CURÉ DE SAINT-ALPIN DE CHALONS

———

Il est mort, le saint prêtre, après un long martyre,
Le prêtre en cheveux blancs, au doux et bon sourire,
Celui qui sur la terre avait perdu les yeux,
Et qui pourtant lisait au plus profond des cieux.

La paroisse pour lui c'était une famille :
Il avait marié la blonde jeune fille,
Jeté l'eau du chrétien sur le petit enfant,
Et donné l'espérance au vieux père mourant.

De pauvres, d'orphelins, la nombreuse cohorte
Du presbytère ami connaissait bien la porte.
Il combattait pour tous, sans cesse, la douleur :
Mais quand il vint pour lui, le mal fut le vainqueur.

Le jour devint la nuit, nuit longue, nuit sans trêve !
La lumière ne vint que parfois, dans un rêve.
Sa résignation fut un sermon muet,
Plus éloquent encor que ceux de Bossuet.

Pour entrer à l'église, il lui fallait un guide :
Mais son âme était forte : avec son pas timide,
C'était lui qui guidait tous les pas indécis,
Lorsqu'on voulait marcher vers le bleu paradis.

Puis il ne put sortir : ni messe ni bréviaire ;
Assis dans son fauteuil, égrenant son rosaire,
Accueillant ses amis, oubliant sa douleur,
Il revoyait leurs traits, en cherchant dans son cœur.

Nous ne le verrons plus dans le vieux presbytère ;
Mais il nous voit bien, lui, bien mieux que sur la terre.
Il nous plaint, il nous aime, et dit du haut des cieux :
Ce n'est plus moi qui suis aveugle. Ce sont eux !

Berthile SÉGALAS

Châlons. — Imp. Martin frères.

CHALONS-SUR-MARNE, IMPRIMERIE MARTIN FRÈRES.

www.ingramcontent.com/pod-product-compliance
Ingram Content Group UK Ltd.
Pitfield, Milton Keynes, MK11 3LW, UK
UKHW031721170726
13836UKWH00001B/377